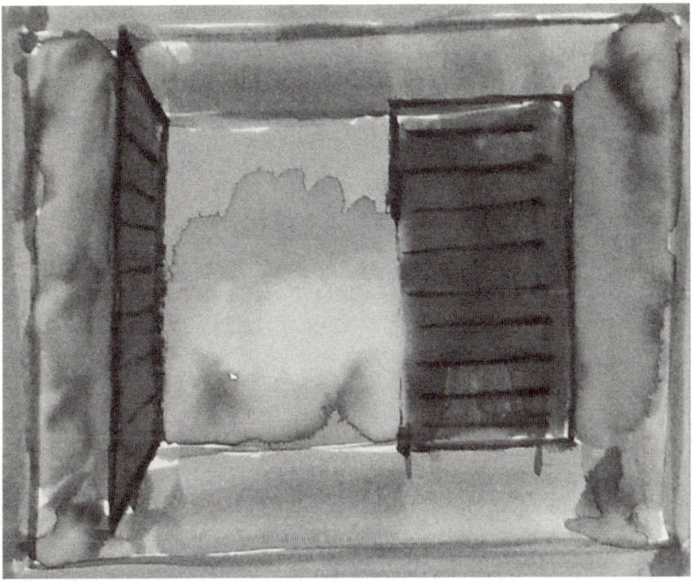

Guignard Philippe, *Fenêtre de l'espérance*, encre sur papier, 18 x 23 cm, juillet 2009

L'ART DE VIVRE AU MAXIMUM
AVEC LE MINIMUM

1ère édition : novembre 2009

Maquette et couverture : Véronique Bianchi
ISBN : 978-2-911939-72-3
Dépôt légal : 4e trimestre 2009
Imprimé en Espagne : Beta, Barcelone.

J.-R. GEYER

L'ART DE VIVRE AU MAXIMUM AVEC LE MINIMUM

indigène éditions

Il a été tiré séparément 55 exemplaires de cet ouvrage, dont 5 hors commerce, et 50 numérotés de la main de l'éditeur, portant la signature de l'auteur et accompagnés d'un tirage de l'œuvre originale signée par l'artiste.

Le nom de cette nouvelle collection,
« Ceux qui marchent contre le vent »,
est emprunté aux Omahas,
un peuple indien des plaines d'Amérique du Nord,
rattaché à la famille des Sioux
et qu'on désigne par cette expression.

Merci à J.-R. Geyer
qui nous a suggéré ce titre.

•

Ça fait des années, plus exactement des dizaines d'années, presque une vie, que je pratique l'art de vivre au maximum avec le minimum et ces derniers temps j'ai intensifié la chose. Ce qui signifie que, quand j'ai entre mon pouce et mon index une pièce d'un euro, avec cette pièce en nickel ourlée de cuivre frappée de l'emblème du pays, j'en double la valeur ou je la multiplie par trois ou par cinq, voire par dix ; selon les circonstances. Je n'achète jamais au prix que coûte l'objet, jamais.

Mon raisonnement est simple et bien calculé précisément parce qu'il est simple et qu'il échappe à toute logique. Ce que je dis n'est pas une théorie, c'est ce que je pratique chaque jour. L'économie calculée, le pouvoir doublé ou comme je viens de le dire parfois décuplé ou multiplié par un chiffre si élevé par rapport à mon avoir, qu'il frôle l'abstraction ou le blasphème.

Je pratique la multiplication de l'euro comme un faussaire tout en restant dans la plus stricte légalité. Je dis un faussaire parce que je frôle parfois l'extorsion de fond. C'est-à-dire qu'entre ce que j'achète et ce que je donne, il y a une telle disproportion que j'ai plutôt l'impression de voler plutôt que de payer, ce sur quoi je vais m'expliquer, étant donné l'étrangeté de ce principe.

Je pratique la mise en valeur de ma monnaie comme un sport, un entraînement avec allongement progressif du trajet pour éprouver ma résistance. Je suis avec le temps (et beaucoup d'endurance) parvenu au maximum de ma capacité d'achat, aiguisant mon instinct d'observation dès que je suis en chasse. Je me qualifie de ce qu'on pourrait appeler un chasseur du prix bas (pas de la solde épisodique qui ne m'intéresse pas et est souvent mensongère), bas par rapport au prix de la veille, de la date limite de consommation, parfois même de l'erreur d'impression sur un produit dont le poids est deux fois plus lourd que son prix réel. Les grandes surfaces enchaînent leurs promotions au point que parfois les prix sont intervertis et ne correspondent pas au produit initial, cette fois à cause de la surcharge d'une pastille sur une autre, causée par les appareils à étiqueter. Je repère aussitôt l'erreur parmi la foule des produits tassés les uns à côté des autres.

Je suis non seulement bénéficiaire de ce genre d'erreur mais il m'arrive, après comparaison, de payer le même prix pour un produit plus lourd que son voisin, parce que je vérifie toujours le poids par rapport au prix quelque soit l'article, et que je pèse même les salades qui sont à prix fixe. Oui je pèse même les salades !

D'abord j'observe. Plus exactement je promène mes yeux. Je fais une sorte d'inventaire planant, en plusieurs allers et retours sur l'étalage, avec détachement voire indifférence, comme si quelqu'un m'observait, pour tromper sa curiosité. Je déteste être pris en flagrant délit de repérage du prix minimum et du produit le plus avenant. Que quelqu'un me regarde et pense que je suis un gueux capable d'acheter des barquettes destinées aux canidés, tout en faisant semblant de considérer les morceaux les plus beaux dont les prix me frisent les cils rien qu'à les voir. Non. Je fais croire que je suis capable d'acheter au prix le plus élevé. Je tâte une ou deux barquettes puis je la repose, avant de glisser vers celle qui est estampillée de la pastille orange, avec imprimé dessus en caractères gras prix choc. Ce qui signifie que le prix est cassé en deux par rapport au prix initial. La plupart du temps je gagne en qualité car il s'agit d'une viande rassise donc d'une excellente tendreté. Même chose avec les fromages un peu vieux, dont les saveurs sont développées au maximum.

J'achète au prix minimum mais je suis attentif à la qualité de ce que je consomme (je n'aime guère ce terme qui a donné consommateur et société de consommation), j'achète le meilleur dans ces zones qui tentent de sélectionner les produits, de les hiérarchiser comme si leur coût garantissait leur goût. J'évite le produit aux relents d'industrialisation. Je déteste la bête d'élevage molle et pâle. J'abhorre et raie de ma carte tout produit qui n'est pas issu, pour les produits laitiers de lait cru, ou d'élevage d'origine pour les ovins et les bovins. On pourrait croire que j'achète n'importe quoi parce que je suis impécunieux, c'est tout le contraire. Je suis un impécunieux délicat.

Quand je pars à l'affût (autrement dit quand je fais mes courses) je rôde plutôt que je ne regarde, glissant sur les étiquettes plutôt que les lisant avec, comme je viens de le dire, cet espèce de détachement pour donner l'apparence de celui qui ne fait attention à rien, capable d'acheter dans des conditions normales même si je me comporte comme un faucon qui plane, hésite, darde sa prunelle à droite et à gauche puis dessous puis s'éloigne et enfin tend la serre d'un coup sur la chose, de telle façon que personne ne voit ce que je prends. Je serre et je m'éloigne prestement puis je ramène mon pas à une cadence convenable, je tourne un peu sur moi-même, l'air de rien, tout en ayant repéré quelque chose un peu plus loin.

C'est comme ça que je fais pour avoir l'air discret alors que vraisemblablement dès qu'on me voit entrer avec mon manteau brun, chaussé de mes lunettes rondes à la monture à vingt centimes, resserrer mon écharpe en alpaga à un euro, rajuster mon sac d'un grand couturier (authentique) à languettes de cuir, je viens pour rafler, presque pour la rapine. Je dis rapine plus exactement pour le choix des produits vendus à prix cassés en deux ou en trois. Je ne me fais aucune illusion sur l'impression que je donne sur ceux qui me reconnaissent parce que je fréquente ces lieux presque chaque jour, que je suis là de préférence dès l'ouverture, que je promène mon regard dans toutes les directions avec une seule pensée, augmenter la valeur de mon avoir. A tel point qu'une fois j'ai acheté une volaille qui, à force d'être périmée, était inconsommable. J'en ai fait la remarque au responsable du rayon qui m'a dit, je cite : « que ce que j'avais acheté était pour les chiens », me qualifiant par cette allusion de gueux capable de manger des déchets. C'est la réponse que j'ai eue à ma plainte légitime.

Je me comporte pourtant avec un maximum de dignité. Je dirais presque un certain dédain ou complexe de supériorité que mes choix économes n'entament pas. Au contraire, qu'ils renforcent malgré les apparences. Parce qu'à chaque fois j'ai conscience de faire des choix intelligents laissant les autres se contenter de ce que je leur laisse ; fourrant dans mes fontes ce que j'ai raflé avant eux.

Comme je l'ai dit, acheter dans ces conditions est pour moi une nécessité et un sport. Je suis impécunieux pour ne pas dire franchement pauvre. Si je veux bien vivre, il faut que la somme dont je dispose soit utilisée au maximum et que par conséquent, comme je le serine, je multiplie son pouvoir d'achat (expression exécrable, triste antienne des gouvernants que j'emploie pour faire bouger un peu les cervelles) sans quoi, je serais positivement misérable. D'ailleurs je vis dans une misère dorée. Je tiens dur comme fer (!!!) à ce qu'elle soit dorée et ne dépasse jamais les limites de la dignité. En plus je ne demande rien à personne. Non seulement je ne demande rien à personne mais je ne dois rien à personne. Et je ne dois rien non plus à la société que j'exècre, ne recevant rien d'elle absolument rien sauf l'utilisation des routes goudronnées que j'emprunte avec ma vieille rosse et l'éclairage urbain dont je profite quand je marche dans les rues.

Je suis hors des systèmes que la société a ourdis. J'ai pour l'instant (je ne touche même pas du bois) une santé solide et me suis affranchi progressivement des tutelles qu'elle soit sociale, sanitaire ou d'une tout autre nature. Ce qui fait que ce qui m'arrive, je ne le dois qu'à moi. Je suis propriétaire en titre de la vie que je mène, ne dépendant que de moi-même. C'est sans doute ce qui provoque chez moi un complexe de supériorité ou d'orgueil placé où il faut. « Regarde, me dis-je, quand je vois les autres bourdonner devant les produits, eux se ruinent alors que moi, d'une certaine façon, je m'enrichis. » J'ai une mentalité de chercheur d'or qui s'échine à baratter et qui parfois trouve la pépite.

J'ai acquis en tant d'années la conscience du loup qui va la faim au ventre sans perdre de sa superbe. Mais je n'ai jamais la faim au ventre. Malgré mon faible avoir presque tout me contente et me rassasie. C'est ce que je peux dire étant parvenu à un certain détachement, malgré toutes mes gourmandises.

Non seulement je suis gourmand mais aussi gourmet, je dois le préciser. Je goûte ce que je mange préférant le rare et le bon à la quantité massive. Je travaille ce que j'achète pour en magnifier les saveurs et cuisine avec patience et inventivité. J'associe le salé et le sucré glanant à la saison les fruits qui tombent des arbres, capables de donner un goût sauvage à une viande blanche, de manger du cru longuement macéré ou d'imaginer une association qui donne à mon plat un air de grande préparation.

Tout ça me fait illusion de ne manquer de rien. Mon luxe je l'invente ou je l'accommode et je sais qu'il ne comble que moi. Mais peut-être y a-t-il une différence fondamentale entre le goût du meilleur qui coûte son prix et ce qui ne coûte presque rien et demande une habile préparation pour tromper les apparences ? Je ne sais pas. Mon but n'est pas de rivaliser avec les meilleurs produits que je ne peux pas m'offrir mais d'apprécier ceux dont je dispose comme s'ils étaient les meilleurs.

•

Voilà ce que j'avais à dire. J'achète tout au rabais tout ou presque parfois même en dessous du rabais. Dans ma chasse, rien ne m'échappe. Je rationne tout mais d'une façon légère et pas vraiment systématique. Je veux dire pas obsessionnelle. J'achète mon pain à un prix normal et me fais donner des flûtes de la veille, soi-disant pour nourrir un chat. (C'est vrai qu'un chat rôde autour de la roulotte où je fais mes repas. Je n'y vis pas non, j'ai un endroit bien aménagé dans une maison mais, qu'on ne s'y trompe pas, ce ne sont là que des apparences et j'apprivoise ma pauvreté.)

Il m'arrive de tremper du pain pour un chat gris aux yeux de chevêche qui entre parenthèses a dératisé les alentours de ma roulotte et je me réserve l'autre morceau. Sauf que l'autre jour, la boulangère à laquelle je réclamais mon pain rassis n'a rien trouvé de mieux que de me donner un sac d'une bonne vingtaine de pains ; que finalement j'ai mangé grillé pendant plusieurs semaines.

Pour aller un peu plus loin dans ma réflexion, je suis persuadé qu'on pourrait nourrir ceux qui ont faim avec nos excédents et certains produits prétendument périmés. Pains de la veille, produits que refusent ceux qui préfèrent le frais et le rose. Je me rends compte en étant du côté de ceux qui mangent mal, même si moi je mange bien, que notre société comme certains le disent et comme d'autres en débattent, rassasiés de paroles, que nous vivons dans une société que je qualifie de *grasse. Société grasse* signifiant société excédentaire. Je pourrais aussi bien dire société obèse. Société obèse, pas d'obèses, qui, même s'ils existent, selon moi ne sont pas représentatifs.

Si chacun d'entre nous donnait à ceux qui ont la faim au ventre une part de ce qu'ils ont, je dis une part à peu près un dixième, autrement dit une dîme, il n'y aurait plus de faim dans nos contrées. Ce qui serait quelque chose même si ça ne représenterait qu'une goutte dans une mer d'un milliard d'affamés de par le monde. Cette goutte pour autant serait le signe d'une société consciente. Ce que nous ne sommes pas si jamais nous l'avons été un jour (la notion de partage était autrefois plus active entre les possédants et les nécessiteux.) En disant ça, je risque de me faire huer mais ça m'est égal. Je préfère tourner les choses de cette façon même si ce n'est pas tout à fait vrai. Une société disons *solidaire* (encore un terme qui n'a plus de sens à force de s'user sur les langues). La misère n'est pas une invention moderne et ne découle pas nécessairement de nos systèmes, j'en suis bien conscient. En tout cas pas de la même façon qu'avant. Avant on était pauvre par manque d'essentiel et c'était le lot commun, la condition du plus grand nombre. Mais nous qui sommes un pays dit riche, c'est-à-dire ayant les moyens de nous nourrir et d'avoir de l'excédent, nous pourrions être presque tous à l'abri du froid et de la faim.

La solution paraît simple. Elle a été préconisée par le prêtre au béret basque qui, tout au long de sa vie, s'est démené pour que tout le monde ait chaud et soit nourri. Je verrais bien, au cours des maraudes du Samu-social pendant les mois glacés dans les rues de nos villes, des gens qui donneraient des clefs à ceux qui sont couchés entre deux cartons. De vraies clefs qui ouvriraient de vraies portes qui donneraient accès à de vraies maisons ; plutôt que d'entasser les sans-logis dans des endroits communautaires insalubres et étouffants de promiscuité.

On pourrait s'offrir ça nous les Français gavés (quoiqu'en disent ceux qui revendiquent pour garder le niveau de leur petite vie, ceux qui ont salaires et retraites cossues, de toute façon cossues même s'ils prétendent qu'elles s'amenuisent) et donner une leçon d'humanité au monde. Le pays des droits de l'homme et de etc. loge les nécessiteux et les rassasie. Ça aurait de l'allure et surtout ce serait une leçon d'humanité.

Vous me croirez ou vous ne me croirez pas mais la pauvreté a un sens et ce n'est pas un paradoxe. Savoir faire quelque chose avec presque rien et être satisfait de ce qu'on a. Cette attitude a un sens dans une société repue. Je dis repue à cause de ceux qui se disent pauvres et qui ne le sont pas, qui parlent beaucoup prenant la place de ceux qui sont vraiment pauvres et qui ne disent rien. Ce que je dis là risque peut-être de scandaliser. Le manque donne un sens à la vie. On peut manquer de presque tout et sentir que c'est dans l'ordre des choses. Manquer de presque tout sauf bien entendu de l'essentiel, du manger, du vêtir et du logis.

Je prêche platement ? Peut-être bien. Mais c'est ce que je pense. Se suffire de ce qu'on a quand on a le manger, le vêtir et le logis. C'est chrétien ? Sans doute. Juif aussi. Ou bien dicté par le Bouddha. J'exerce quant à moi une sorte de non-agir et j'en ai appris la signification. De ça je ne peux me défaire. C'est comme un manteau léger et couvrant que je porte presque malgré moi. Léger, c'est-à-dire presque absent.

•

J'insiste, j'enfonce le clou là où le bât blesse. Je pratique depuis des années la pauvreté comme un sport, presque une initiation et chaque jour que Dieu fait je m'arrange pour tirer profit au maximum de mon avoir. Autant dire de mon presque rien, le pécule que je ramasse dans quelques activités clandestines, un peu de ceci et un peu de cela, dans des domaines qui me sont accessibles. Je dis clandestines mais pas illégales, ça non ! Je tiens à donner l'impression que je suis quelqu'un de correct, ce que je ne suis pas comme on peut s'en douter. Mais je rassure, il ne s'agit ni de trafics d'opiacées ni de contrefaçons vendues à la sauvette. Non. Simplement d'échanges de service qui me rapportent quelques poignées de monnaies. Raison pour laquelle je suis devenu un sportif de l'économie.

J'ai dépassé le seuil d'âge qui rend impossible toute activité rémunératrice, ne recevant comme je l'ai dit aucune aide sociale pas même celles auxquelles je pourrais prétendre (minimum vieillesse c'est comme ça qu'on dit ? A.P.L. Couverture sociale - couverture cent pour cent de quoi ?) Je vis avec ce que j'ai, c'est-à-dire un minimum vital dont je ne connais pas le montant mais qui mis bout à bout ne dépasse pas les quelques centaines d'euros chaque mois, disons pas même cinq. Je n'ai aucun train de vie avec avalanche mensuelle de factures fixes. Quant à la pension alimentaire consécutive à un jugement de divorce, je ne suis hélas pas en mesure de m'en acquitter depuis pas mal de temps. Mais que peut-on soutirer à quelqu'un qui a tout juste de quoi se suffire à lui-même ?

Je vis pourtant convenablement c'est-à-dire que je vais et viens (quand ma voiture me le permet ce qui n'est pas le cas en ce moment puisqu'elle est clouée au sol avec une panne non identifiée). Je communique avec mes semblables parfois même je prends le train en demi-tarif parce que j'ai franchi le seuil d'âge pour avoir droit à la Vermeil, quand je peux me l'offrir.

•

Pour détailler ma tenue et en estimer le coût de la tête aux pieds, je porte un chandail en laine semée de bourres brunes ou noires qui m'a coûté un unique euro, un pantalon en velours côtelé gris souris en coton avec un petit pourcentage d'élasthane à un euro vingt, des chaussures qui avant moi ont été martelées par d'autres plantes de pieds que les miennes mais dans un excellent état (qui ont deux pointures de plus que mon pied, je dois le préciser, léger inconvénient que je préfère ignorer) le genre de chaussures qu'on porte à vie, qui coûtent en boutique au moins deux cents euros bien sonnés et qui m'ont coûté à moi la modique somme de quatre.

Quant aux accessoires, des gants de peau achetés un, une écharpe *made in* Pérou gris cendré dans le style artisanat des montagnes pour ainsi dire neuve achetée un, un blouson en mouton retourné style pilote U.S. acheté trois et une toque pour quand il neige pour un ou deux, je ne sais plus. Je suis fier de ma mise qui n'est nullement usurpée, que tout un chacun peut s'offrir s'il en a le goût, à condition de fréquenter les hauts lieux de la fripe.

Je ratiocine sur le sujet moi qui vis selon l'expression consacrée *en dessous du seuil de pauvreté* ou plus exactement qui en ai franchi le seuil au point qu'il n'y a plus de séparation entre cette mince frontière et mon indigence, l'ayant faite reculer d'autant, en dessous du seuil du seuil, c'est-à-dire au bord du presque rien ; j'insiste parce que c'est la vérité.

On pourrait croire à m'entendre parler de cette façon un tantinet provocatrice que je m'en targue ou m'en félicite. Mais c'est tout le contraire. J'ai déjà dit, ou si je ne l'ai pas déjà dit je le dis maintenant, il n'est pas question que je sombre dans l'orgueil du pauvre qui se sent hors d'atteinte de la critique, à cause de sa situation. Moi, je suis un impécunieux volontaire et l'argent ne m'intéresse pas ni le confort d'ailleurs ni la sécurité de quoique ce soit. Peut-être que j'ai une mentalité de clochard c'est bien possible.

Je me sens de la race des exclus même si je peux faire intrusion chez les nantis et donner l'impression que je suis des leurs. Je suis de ceux qu'on exclut du système à cause d'une non-conformité, de ceux qui présentent à la fabrication les anomalies de l'invendable, du déclassé. C'est à cette caste qui ne dit pas son nom que j'appartiens. A celle du vagabond (mais y en a-t-il encore ? Il faudrait en lâcher comme on fait avec les lièvres et les faisans en saison de chasse, parce que c'est une race en voie de disparition) du miséreux des rues, de l'Indien qui gêne l'autre à cause de son apparence. C'est ce qu'on sent dès qu'on m'approche même si je suis plutôt bien éduqué et capable de tromper les apparences. J'appartiens aux clans des gitans parqués en début de ville ou loin derrière, de ceux qui vivent la main tendue avec l'œil terne et l'effroi muet du solitaire. Je ne le dirai jamais assez, pour en porter l'estampille. D'ailleurs il ne me reste qu'un passeport périmé. Ah si, le document rose pour conduire, passablement élimé. Je suis presque un sans-papiers même si, le cas échéant, je peux demander à ma mairie natale une justification de nationalité.

Quand je conduis ma vieille rosse, je dois préciser que je me comporte en citoyen modèle. Non que je sois un citoyen modèle mais je ne supporterais pas d'être rançonné à cause d'un dépassement de vitesse capté par l'une de ces petites bêtes en métal dressée sur son trépied. Je méprise toute sanction arbitraire même au nom de la plus élémentaire des prudences. Je dis arbitraire quand la sanction est disproportionnée par rapport à la faute. Sortir de ma poche plusieurs dizaines d'euros pour la plus légère des infractions serait pour moi le commencement de la fin. A tel point que j'ai la hantise de ces pièges de la route et que toute forme suspecte sur les bas côtés, un peu carrée et au-dessus du sol, une boîte aux lettres par exemple me fait sursauter. Pour ces raisons je conduis au pas par crainte de me voir enlever d'un coup ce que je prévois pour m'alimenter pendant des jours.

Je passe mon temps en calculs savants, je slalome entre les dépenses obligatoires et celles qu'il faut éliminer. Je suis devenu un acrobate de l'économie que je pratique avec une désinvolture de virtuose. J'avoue que si, un jour, j'avais de l'argent, je crois que j'en serais embarrassé. Il faudrait que je trouve une solution, que j'en cache les trois-quarts ou que j'en distribue pour me remettre à niveau. Je veille à ce que ça n'arrive pas, vivant au jour le jour, organisant ma vie comme un comptable du presque rien et du si peu.

•

Après le manger et le boire, il faut le logement et ça fait des années que je me déplace d'un lieu à un autre dans un espace que j'investigue. Avant j'avais femme enfants et maison et je subvenais aux exigences de la propriété en payant ce qu'il fallait ; les deux taxes et les obligations qui s'ensuivent. Après c'est comme une frontière dans ma vie. Il y a l'avant et l'après. J'ai erré. J'ai échoué dans les endroits que la Providence (la Providence ?) m'a donnés. J'ai vécu comme l'oiseau sans me soucier de la branche, presque comme un somnambule.

Quand je dis que j'ai échoué, ça signifie que je me suis trouvé là où je n'avais pas idée d'aller, poussé par le naufrage.

J'étais un survivant. Je me suis retrouvé dans des endroits parfois inattendus mais toujours décents, parfois même luxueux. Une fois même au premier étage d'une grande maison chez une vieille dame compatissante qui, les soirs de spleen, m'invitait à manger du bouillon campagnard et de la salade de son potager. J'occupais quatre pièces beaucoup trop grandes pour moi et vivais pas trop mal en payant un peu. J'ai quitté les lieux en laissant derrière moi une petite ardoise.

Une autre fois je me suis retrouvé pendant quelque temps dans une chartreuse entourée d'un parc. Ne me demandez pas comment ça c'est fait, je n'en sais trop rien. La propriétaire des lieux que je connaissais à peine m'a proposé une sorte de gardiennage sans m'en donner vraiment l'attribution. Je ne payais ni téléphone sur lequel je tirais fort ni chauffage quand il y en avait. La femme se comportait avec moi comme une mécène sans qu'il y ait de ma part le moindre retour, je dois le préciser. Quelquefois j'y vivais bien, quelquefois très mal parce que je n'arrivais pas à moi seul à occuper un espace très sonore qui m'effrayait. Parfois il y faisait si froid que je me trempais dans l'eau brûlante pendant des heures dans une baignoire dont les robinets dorés rutilaient.

J'errais là et ailleurs même si je m'établissais dans le provisoire. Là ou ailleurs. Je suis allé après en ville où j'ai essayé deux endroits, l'un chez un médecin névropathe qui m'a chassé et j'ai logé après chez un presque aveugle qui me demandait pour trois pièces et une salle de bain vétustes dont une cuisine encombrée d'affaires qui ne m'appartenaient pas, une centaine d'euros, ce qui étant donné la superficie, était loin de ce que ça valait. J'y suis resté le temps d'aller ailleurs.

Entre temps j'avais été hébergé pendant deux saisons et j'ai été évacué. Dans un studio où je ne payais rien. Là aussi ça s'était fait sur ma bonne mine. Il faut quand même que je le dise pour ne pas paraître suspect ou tellement étoilé que ç'en serait insupportable. Chanceux comme ce n'est pas possible. Je ne payais rien. D'ailleurs je n'avais rien. C'était ça ou la rue.

Je me suis retrouvé un peu plus tard dans une chambre au fond d'une grande maison chez un malade mental qui avait ses moments de lucidité et qui tenait commerce. L'hébergement a été entendu contre une certaine présence quand l'autre s'absentait. Je m'acclimatais à la formule qui aurait pu être contraignante mais qui ne l'était pas puisque le commerce en question était une boutique fantôme où personne ne venait. Et comme j'avais affaire à un déséquilibré, je négociais une relation qui convenait à mon humeur.

Tout ça pour dire que j'ai évité la rue et que je pratique l'hébergement d'une façon assidue. On me chauffe quelquefois peu ou mal, on m'éclaire mais je vais chercher l'eau dehors à un robinet et l'endroit où je cuisine est un taudis.

Depuis des années j'ai trouvé des solutions pas chères, c'est le moins que je puisse dire. Ça durera ce que ça durera (d'ailleurs si je n'avais pas d'alternative je me construirais dans les bois une sorte d'isba en matériel de récupération pour vivre libre, pratiquant la cueillette et la chasse au lacet. Je mènerais une vie d'Indien discret et pacifique, vivant comme un vieux fou, comme il y en a dans certains endroits, au lieu de croupir sur un trottoir ou sous les ponts.)

Dans cette vie d'ascèse, j'ai acquis un véritable détachement. Pourvu que je vive parmi les objets que j'aime, que je mange et que je dorme, ça convient à mes besoins. Non que je ne rêve pas à des conditions meilleures mais je vis mon ascèse en conformité avec mes penchants et mes goûts frugaux, comme un exercice moral à une vie résiliente. Puisque je suis capable d'aller au robinet pour rincer ma salade, de faire ma lessive dans un baquet avec mes mains qui brassent la matière, la rincent et la tordent, que je subviens aux charges domestiques, j'ai gagné sur l'impossible d'une telle acceptation par la volonté d'y suffire.

Je pourrais me dire que je m'en fous d'en être là. Avant c'était avant et après ce sera autrement. En attendant je m'en fous d'une façon royale. Au moins je me suis aguerri. L'inconfort ne m'en impose pas et si parfois je serre mes mâchoires quand j'ai trop froid ou trop chaud ou quand je pédale comme un automate sur mon vélo parce que ma voiture est en panne, si parfois je suis au bord de l'intenable au point que je mâche un juron, l'instant qui suit, je passe à autre chose non pas en contournant la difficulté mais en la traversant de plein fouet, comme si ce passage m'était imposé pour aller plus loin. Suis-je devenu un sage ? Que non. Tout juste si j'ose m'exprimer en termes de papier, un fac-similé de sage. J'ai presque envie de dire une contrefaçon. La vie dure que je mène n'étant sans doute que le symptôme de mon incurie.

•

J'ai encore deux ou trois choses à dire moi qui ai des relations intimes avec la pauvreté. Je dis relations intimes pour donner un peu de couleur ; quelques détails comme on trouve dans les recettes de cuisine pour en faciliter l'exécution.

Si on veut que je précise, il m'arrive d'acheter (vous allez sourire) des têtes de poissons pour soi-disant faire des soupes. C'est du moins ce que je déclare à la vendeuse. J'ai remarqué que quand on vous donne une tête de poisson (on vous les fourre dans un sac roulé avec dessus écrit au feutre déchets O euro) il y a presque toujours au ras des ouïes l'épaisseur d'une darne. Ce qui fait qu'au lieu d'acheter une darne à son prix, elle m'est donnée en même temps que la tête qui est, comme chacun sait, le morceau du pécheur à cause des joues en noix de Saint Jacques.

D'une tête de poisson qui ne coûte rien, j'utilise la tête et la darne. Je fais à peu près la même chose avec les hauts de lapin que j'achète au marché local chaque vendredi au point que la vendeuse m'a demandé une fois si je ne mangeais que ça. Ce à quoi j'ai répondu que j'en faisais des grillades au feu de bois (je n'ai ni cheminée ni barbecue) et que c'était délicieux, pour donner l'impression que j'étais plutôt un connaisseur qu'un nécessiteux. Il faut dire que ça ne coûte presque rien et qu'un kilo de ces hauts me fait trois jours parce que je sépare la partie charnue des côtes proprement dites, je fends les têtes dont j'extrais une noisette de cervelle que je prépare en gibelotte, le reste étant poêlé. Il est impérieux pour moi de trouver des solutions peu coûteuses étant donné que chacun de mes plats (la viande avec son légume) ne doit pas dépasser un euro.

Je me demande parfois si on ne me prend pas pour un gueux qui s'efforce de faire bonne figure, malgré mon langage éduqué et mes airs de bobo. Ce que je suis peut-être plus que je ne le crois. Je n'en sais rien et ça m'est égal qu'on se trompe dans un sens ou dans un autre, pourvu que je parvienne à mes fins.

Je fais la même chose chez un producteur de fruits et légumes qui me donne des pommes avec quelques défauts, des pommes de terre avec des estafilades de coups de bêches et chez un maraîcher où je prétends que je préfère les salades montées, vertes, vitaminées donc excellentes pour la santé, que je peux rafler dans les champs à discrétion.

Je vous assure, malgré ma vie frugale il n'y a pas de disette chez moi même si parfois j'allège, je me prive un peu. Je mange mon comptant, m'arrondis à chaque repas et j'ai de la descente avec un vin que j'achète au tonneau à seulement 80 centimes le litron, un puissant cabernet en 12.

Je dois dire pour compléter le tableau, si on ne s'en était douté, que j'ai un sens infini de la récupération (l'un ne va pas sans l'autre, l'esprit d'économie et la gratuité) de la chose qui peut servir un jour même si sur le moment elle semble inutile. La réutilisation d'un bout de cuir, d'une étoffe, d'une planche parfois même d'un clou ou d'un trombone trouvé par terre. Je pense que tout peut servir un jour. Je n'en suis pas à accumuler, comme quelqu'un que je connais, les carcasses de voitures, les catalogues de la Redoute ou les boîtes en fer au point que chez lui il n'a plus la place physique pour se déplacer mais j'ai l'esprit industrieux. Je rajuste, j'accole non pas tant pour l'économie de la manœuvre (qui a son importance) mais pour le charme de redonner apparence à une chose qui n'en avait plus.

Je suis aussi, il va sans dire, un fervent du vide-grenier, pour ne pas dire un malade, où je vais chaque dimanche comme à l'office dès potron-minet, où je me remplis de tout jusqu'au débordement, à la crue d'objets que je ramène après les avoir tirés au râteau ou gaulés à force de fouille et de branches secouées, avec pour tout avoir une poignée de monnaie pour ne pas dire une pincée. En période creuse dès l'automne, je pratique les dépôts fondés par le prêtre au béret, presque une institution de la récupération et me titre comme tant d'autres d'Emmaüsien. Ainsi que ceux du secours Pop et du Secours Cat, l'apocope les rendant plus familiers, où je glane ce qui convient à ma curiosité, ma faim de tout, pour combler des besoins imaginaires.

•

J'aime ce que j'entends actuellement, qui bruit dans l'air, y bourdonne sur toutes les antennes de radios et les chaînes de télévision, la triade inflation déflation récession, ces sons qui frappent comme des glas, se balancent, ces signes annonciateurs de déroute financière et de débâcle économique. Moi qui suis pauvre même si je ne sens pas que je le suis, il y a toujours plus pauvre que soi, plus malade plus seul plus mourant, et si la définition de la pauvreté ne me correspond pas vraiment « celui qui a peu ou presque rien » puisque moi j'ai mes richesses intérieures et que je suis expert en art de vivre au maximum avec le minimum. J'entends ce qui se dit comme l'avènement d'une société nouvelle. Passé ce seuil où les uns ont en trop et les autres pas assez, ce déséquilibre entre le possédant et le démuni ; j'attends, moi qui observe de tous mes yeux, que la tendance s'inverse ou plus exactement s'équilibre. C'est-à-dire que ceux qui ont trop aient moins au point d'être proportionnés avec ceux qui n'ont pas assez. Ou que les premiers prennent conscience que ça penche sérieusement parce qu'il y en a trop du même côté.

Je ne suis pas il s'en faut pour une société rabotée à l'aune de la multitude, pour que le plus grand nombre soit satisfait dans ses moindres besoins, que chacun ressemble à tous et que la répartition soit égale. Je ne crois pas davantage à une égalité de l'avoir entre les hommes de la planète. Sauf pour l'essentiel.

Moi qui suis dans la tranche sociale appelée *les plus démunis* et qui vis sur ma branche, je peux le dire. L'essentiel n'étant pas seulement le soleil qui se répand sur tous ou la source où chacun peut puiser ; mais le vêtir le manger et le logis. Cet essentiel-là est irréfragable. On ne peut quoiqu'on fasse ou dise passer outre ces conditions premières. Le manger, le vêtir et le logis. C'est la base de la dignité. Une société qui se respecte a le devoir d'assurer à chacun le vêtir, le manger, et le logis. Sans quoi elle doit être accusée de ce qu'elle ne fait pas et s'il est possible jugée puis contrainte de s'exécuter. C'est ce que je pense et que prouve la vie que je mène, qui dit que quand quelqu'un est démuni, en panne d'imagination, de volonté ou de chance et ne peut avoir le manger, le vêtir et le logis, une société qui se dit le berceau des droits de l'homme etc. doit y pourvoir. Et que si elle dit qu'elle manque de moyens pour remédier à cette situation, elle doit impérativement les trouver, sans quoi son discours n'est qu'un écran de vérité, la projection de ce qui devrait être et qui n'est pas, et son refus ou son incapacité à améliorer le sort des nécessiteux est une injure à la personne, un scandale qu'on ne peut tolérer dans une société dite de consommation ; dont l'obsession est l'achat et son pouvoir.

Je crache dans la soupe des bourgeois d'où je suis issu parce que je préfère manger mon bouillon même maigre. L'autre jour, quelqu'un de mon ancienne tribu m'a pisté et m'a appelé après des années de silence et j'ai réagi comme un animal dérangé dans son gîte en partant droit devant moi et en couchant mes oreilles pour aller plus vite, effrayé à l'idée de réintégrer même momentanément ce milieu que j'exècre, heureux d'avoir échappé au dîner des fêtes de fin d'année où le trop rivalise avec l'excès, atteint dans ma sacro-sainte liberté de pauvre, un peu comme si on m'enlevait quelque chose que je ne voulais pas donner. Ça m'a fait une impression dérangeante d'être crocheté, comme ça, après tant d'années de rupture et de mise à l'épreuve, comme si je craignais de perdre ma richesse intérieure, ce à quoi je tiens plus que tout au monde, l'équilibre profond qui sonne en moi d'un bronze en écho de ma vie, sachant que j'ai laissé en chemin le costume de ma caste. J'ai fait le choix de rompre une à une les attaches pour avoir les coudées franches et ne rien devoir à personne. On peut appeler ça comme on veut, ingratitude, orgueil, folie ou ascèse, ça m'est complètement égal.

•

Je fais de la morale au rabais peut-être bien, mais la pauvreté avec laquelle j'ai une relation intime comme je l'ai déjà dit, me donne des droits mais aussi bien sûr des devoirs même si ce que je dis je le vis, si ce que je dis je l'expérimente. Non pas comme un jeu mais comme une réalité quotidienne. Mais moi, j'ai les moyens de le vivre de cette façon, alors que d'autres en sont incapables, ne le peuvent pas ou ne savent pas. C'est toute la différence entre celui qui n'a pas les moyens physiques, moraux, et celui qui réagit d'une façon positive devant l'adversité et en fait une philosophie de la vie.

Il m'est arrivé d'être un possédant, pas un riche, mais j'ai eu la propriété de ma maison et une fois même un petit appartement près des Champs. J'étais propriétaire de quelques biens et j'ai progressivement tout perdu en faisant ce qu'il ne fallait pas à cause des femmes et en dernier d'un divorce aux conséquences désastreuses qui m'a coûté mon patrimoine et une partie de ma vie.

Je ne fais pas le mea culpa d'une vie que je regrette. Non. La vie que je mène sur ma branche est devenue la mienne. Elle est vagabonde et fragile, j'en connais tous les aspects et depuis des années je m'y attelle d'une façon positive. Non que je sois insensible à ses désagréments, ce que j'appelle ses désagréments d'un terme générique, que je pourrais appeler aussi bien misère quand je vais au froid préparer ma pitance sous l'œil indifférent du personnage qui m'héberge ou que je touille ma lessive en me glaçant les mains. Je n'y suis certes pas insensible mais j'acquiers une conscience accrue des choses de la vie, une perception de l'humain ou d'une absence « habitée ». Mon silence est saturé de plénitude au point que souvent j'arrête ma radio, lassé de paroles et de musique et que je l'écoute, lui, le silence en m'éloignant des bruits du monde. Quelqu'un un jour m'a dit que j'étais un ermite civilisé, ce que je suis peut-être sans le savoir. En tout cas je suis libre de ma survie et non pas détenteur de sécurités, d'assistances qui ne me touchent pas. Libre, c'est-à-dire à nu pour que les lèvres de l'écorce se joignent après la blessure.

Mais je ne suis aucunement autosatisfait. Ça non. Si demain quelqu'un m'offrait autre chose, je saurais emboîter le pas à une autre vie. Mais peut-être que j'acquiers dans ma vie rude et nomade la capacité d'être plus prêt du choix de Dieu que de ce que j'échafaude seul, avec mes propres moyens. Je pratique le non-vouloir et le non-agir, l'un étant la semelle de l'autre, pour une longue marche. Et je m'étonne d'être vivant solide, sur mes pieds, heureux par instants, par petites gouttes qui irriguent l'étendue de mon désert. Car il est réel lui puisque j'y marche.

C'est ce que je vis malgré ceux qui passent, dans une solitude cousue, étanche aux autres, fermée sur elle-même, c'est-à-dire sur moi. C'est de celle-là dont je parle. Je vis au maximum avec le peu que j'ai. J'en étire le potentiel, le tenant au creux de ma main, le peu que j'ai de volonté d'être vivant, d'espoir même, le peu qui se trouve ramassé là au creux, comme la rosée qui transpire le matin sur une feuille. Le peu que j'ai dis-je, qui luit, se réfracte et me donne l'impression de vivre en suffisance, comme je le dois.

Je me sens enrichi du peu, qui devient presque tout quand je reçois un signe, quelqu'un en passant, une inconnue qui me sourit à moi sans raison apparente, quand je reçois de ma fille qui vit loin et qui n'a pas dix ans, petite encore, des lignes écrites au crayon sur une feuille à carreaux pliée en deux, constellée de cœurs de toutes tailles ou bien d'autres attentions que je recueille comme on fait avec ce qui est rare et qui a du prix, comparé à ce qui ne l'est pas et dont le prix importe peu.

C'est comme ça que je vis pour trouver le rare dans le peu au lieu de préférer l'abondant qui ne rassasie pas. Je vis en gourmet des choses et des êtres et dans ce que je reçois d'amour plutôt que de me nourrir à pleines dents. Je trouve meilleure la parcimonie plutôt que l'abondance, c'est du moins ce que j'apprends. Meilleure comme ayant le goût du sauvage, offerte non pas acquise ou dérobée à un système. Etant pourvu presque malgré moi, peut-être même conduit d'une façon invisible.

Non je ne suis pas un croyant qui insinue sa foi. Je ne le suis plus. J'ai lâché les fils. Je marche pieds nus sur un sol volatile et ne suis pas véritablement enraciné. Mais dans le manque je trouve mon nécessaire. C'est-à-dire au lieu de remplir je creuse. C'est précisément quand je creuse que la place s'arrondit à ce qui s'y rassemble, quand je fais un cornet. Pourtant je ne suis pas religieux. Si je l'étais, je ne me rattacherais pas à quoique ce soit, pas même aux sources anciennes, aux traditions, conscient toutefois d'appartenir à une lignée. Je ne renie rien mais je ne m'attache pas.

Ma réflexion peut aller où elle veut toucher ou laisser de marbre. Ma réflexion tinte en moi, ma conscience bouge comme un enfant en fin de gestation. C'est ce que je sens et qui ne m'a pas été donné quand je ne manquais de rien. J'ai l'impression d'être dans le droit fil de quelque chose qui ne se nomme pas, peut-être de quelqu'un qui est ou n'est pas. Si je n'avais pas passé l'épreuve, je n'aurais rien su. Maintenant que je l'ai traversée, il faut que je le dise.

Pour en revenir à l'art de vivre au maximum avec le minimum, c'est exactement la même chose sur un autre plan. Le peu amène une satiété quand c'est vécu avec conscience. C'est ce que je sais moi qui préfère glaner plus loin ce qui s'offre. A moins que je sois devenu un imbécile heureux à force de pénurie, c'est bien possible, un fou content, vous savez ceux qui rient de tout même en plein malheur.

Est-ce que la pauvreté (matérielle, morale, affective) m'a rendu meilleur ? Question extrêmement délicate. Il faut que je réfléchisse avant de répondre. Je peux dire oui et non. Au long du temps, à force de vouloir rester debout dans des conditions difficiles de m'être affronté à la dureté des choses et des êtres, je suis devenu une bête féroce. Je mords parfois avant d'être agressé, comme ça à tout hasard.

Pour ce qui est de l'espace, j'ai le monde à moi, quelle que soit la direction où je vais. Mais je me demande si je suis devenu meilleur, malgré mes instincts. C'est ce que je veux croire. Je suis devenu sensible à ce qui vit à nu, sans écorce, sans coquille, aux détresses invisibles. Quand j'en perçois, j'ai la constance d'être là et me sens oblatif, moi qui dis souvent que celui qui n'a rien doit trouver quelque chose à donner et, s'il n'a vraiment rien, au moins ses larmes. C'est ce que je dis si je peux dire quelque chose venant du fond, le clamer devant moi en marchant sur terre. Que ça reste planté là en borne pour ceux qui passent ou que ce soit véhiculé, que ça aille de moi vers un autre qui ne saura ni d'où ça vient ni à qui c'était destiné. Comme ce qui vient d'ailleurs et de personne.

Juin 2009